BEI GRIN MACHT SICH IHR WISSEN BEZAHLT

- Wir veröffentlichen Ihre Hausarbeit,
  Bachelor- und Masterarbeit

- Ihr eigenes eBook und Buch -
  weltweit in allen wichtigen Shops

- Verdienen Sie an jedem Verkauf

Jetzt bei www.GRIN.com hochladen und kostenlos publizieren

Möglichkeiten der Programmierschnittstelle Administrative XML von Cisco bei der Bedienung eines Cisco Unified Communications Managers

Fabian Meiners

Bibliografische Information der Deutschen Nationalbibliothek:

Die Deutsche Nationalbibliothek verzeichnet diese Publikation in der Deutschen Nationalbibliografie; detaillierte bibliografische Daten sind im Internet über http://dnb.d-nb.de abrufbar.

ISBN: 9783346864987
Dieses Buch ist auch als E-Book erhältlich.

Fachbericht IV //

Möglichkeiten der Cisco Administrative XML Programmierschnittstelle bei der Bedienung eines Cisco Unified Communications Manager //

Hochschule Weserbergland
Studiengang:
Wirtschaftsinformatik

Studierender:
Fabian Meiners

I. Inhaltsverzeichnis

Fußnoten können sich auf mehrere Sätze oder ganze Abschnitte beziehen.

II.   Abbildungsverzeichnis

III. Abkürzungsverzeichnis

Abkürzung	Bedeutung
Muster IT	Muster Information Technology GmbH
XML	Extensible Markup Language
CUCM	Cisco Unified Communications Manager
IP	Internet Protocol
VoIP	Voice-over-IP
CUC	Cisco Unified Communication
AXL	Administrative XML
RSS	Rich Site Summary
XHTML	Extensible HyperText Markup Language
WSDL	Web Service Description Language
SOAP	Simple Object Access Protocol
HTTP	Hypertext Transfer Protocol
SMTP	Simple Mail Transfer Protocol
API	Application Programming Interface
VoIP	Voice-over-IP
PHP	Hypertext Preprocessor

1 Einleitung

In diesem Fachbericht werden die Möglichkeiten bei der Verwendung der Cisco Administrative XML (AXL) Programmierschnittstelle allgemein sowie speziell zur Administration eines Cisco Unified Communications Manager am Beispiel der Nutzung in der Muster Information Technology GmbH – im Folgenden nur noch Muster IT genannt – herausgestellt.

Die Auswahl der genannten Thematik begründet sich in der Notwendigkeit einer einfachen bis automatisierten Administration von Endgeräten im Umfeld einer Cisco Unified Communications Infrastruktur für Video-Endgeräte.

Ziel dieser Arbeit ist es, die Einsatzmöglichkeiten der Cisco Administrative XML Schnittstelle herauszuarbeiten und beispielhaft einen Lösungsweg zur Umsetzung einer administrativen Aufgabe unter Verwendung ausgesuchter Funktionen darzustellen. Des Weiteren soll eine Bewertung Vor- und Nachteile beziehungsweise Chancen und Risiken beleuchten und entscheiden, ob die gewählte Methodik zur Administration des Cisco Unified Communications Manager (kurz: CUCM) sinnvoll ist.

Als Einstieg werden dazu in Kapitel 2 und 3 der Cisco Unified Communications Manager sowie grundlegende und thematisch bedeutende Begriffe im Bereich der Webservices benannt und erklärt. In Kapitel 4 wird die Cisco AXL Schnittstelle genauer vorgestellt. Darüber hinaus werden in den nachfolgenden Kapiteln die konkreten Möglichkeiten der AXL Schnittstelle analysiert und der gewählte Lösungsweg zur Erledigung einer beispielhaften Aufgabe detailliert erörtert.

Im 6. Abschnitt folgt eine kurze Bewertung der Möglichkeiten beziehungsweise der Vor- und Nachteile dieser zur Administration innerhalb der Muster IT. Abschließen wird diesen Bericht ein zusammenfassendes Fazit.

2 Cisco Unified Communications Manager

Der Cisco Unified Communications Manager oder auch Callmanager genannt, ist eine Software zur Vermittlung und Steuerung von Telefonsystemen über das Internet Protokoll (kurz: IP). Diese serverbasierten Telefonsysteme werden auch als Voice-over-IP-Systeme (kurz: VoIP-Systeme) oder Internet-Telefonie-Systeme bezeichnet, da die gesamte Kommunikation über das Internet Protokoll geschieht. Die Hauptaufgabe des Callmanagers ist hierbei die Vermittlung von Gesprächsteilnehmern wie bei klassischen Telefonanlagen. Hierzu werden notwendige Komponenten wie beispielsweise Voice-Gateways, IP-Telefone oder Konferenzbrücken vom CUCM gesteuert.

Die Skalierbarkeit von Callmanager basierten VoIP-Systemen wird durch sogenannte CUCM-Gruppen beziehungsweise Cluster erhöht. Ein Cluster ist dabei ein Verbund aus mehreren Callmanagern um zum Beispiel durch Redundanz die Ausfallsicherheit zu erhöhen, die Performanz des Gesamtsystems zu verbessern oder um Aufgaben innerhalb einer Cisco Unified Communication (CUC) VoIP-Infrastruktur zu verteilen. In einem Cluster können hierbei 9 Server, die jeweils bis zu 10.000 Nutzer verwalten können, verbunden werden. Bei der Vernetzung mehrerer Cluster ist auch die Verwaltung von über einer Millionen Nutzer an unterschiedlichen Standorten möglich.

Die einzelnen Callmanager können hierbei unterschiedlich, als Publisher, Subscriber oder TFTP-Server, konfiguriert werden. Ein Publisher kann höchstens einmal in einem Cluster konfiguriert werden und enthält eine Master Datenbank in der beispielsweise Rufnummern und Einstellungen von Telefonen gespeichert sind. Andere Callmanager in einem Cluster werden als Subscriber definiert und erhalten eine Kopie der besagten Datenbank.

Werden nun Änderungen an einem Publisher vorgenommen, replizieren sich diese Einstellungen auf alle Subscriber, was den administrativen Aufwand bei der Konfiguration von Callmanagern deutlich reduziert. Endgeräte können sich jedoch gleichermaßen an einem Publisher sowie auch an einem Subscriber anmelden. Der Konfigurationsmodus „TFTP" lässt einen Callmanager als TFTP-Server in einem Cluster fungieren, auf dem beispielsweise die Firmware der unterschiedlichen Endgeräte sowie weitere Konfigurationsdateien gespeichert sind.[1]

---

[1] Wikipedia: Callmanager

3 Webservices

Webservices stellen eine Integrationsarchitektur dar, die die Kommunikation
zwischen verschiedenen Anwendungen innerhalb eines Netzwerkes über
Standardprotokolle wie das Hypertext Transfer Protocol (HTTP) oder das Simple
Mail Transfer Protocol (SMTP) ermöglicht. Die Schnittstellen (APIs) dieser
Applikation sind unter Verwendung einer XML-basierten, standardisierten
Beschreibungssprache (Siehe Kapitel 3.3) beschrieben und damit unabhängig
von der zugrundeliegenden Implementierung. Webservices sind jedoch nicht mit
Web-Anwendungen zu verwechseln, da Webservices keine Benutzeroberfläche
zur Eingabe und Anzeige von Daten beinhalten. Jedoch können Webservices
von Web-Anwendungen genutzt werden. Die Interaktion mit anderen
Applikationen stützt sich bei Webservices auf ein ebenfalls plattform- sowie
sprachunabhängiges und standardisiertes XML-Protokoll, das Simple Object
Access Protocol (SOAP). Ein Beispiel für einen Webservice wäre die
Kartenanzeige von Google, die über eine Schnittstelle auf Websites Dritter
gebracht werden kann.[2]

3.1 Extensible Markup Language

Die erweiterbare Auszeichnungssprache, englisch Extensible Markup Language
(XML), ist eine Auszeichnungssprache zur Beschreibung und Darstellung
strukturierter Daten. XML als Metasprache wird für den plattformunabhängigen
Austausch von Daten meistens über das World Wide Web genutzt. Die Daten
liegen hierbei in hierarchisch strukturierten Textdateien vor.[3]

Durch strukturelle und inhaltliche Einschränkungen, die als Schema oder
Dokumententypdefinition bezeichnet werden, definieren sich XML-Sprachen wie
beispielsweise RSS oder XHTML. So wird XML als Metasprache also zur
Erzeugung spezifischer Auszeichnungssprachen genutzt. Im Unterschied zu
beispielsweise HTML gibt es bei XML keine festgelegte Liste von Tags. Tags
können von Entwicklern individuell definiert werden oder aus öffentlichen Quellen
bezogen werden. XML definiert hierbei die Syntax, um strukturierte

---

[2] Vgl. (Snell, Doug, & Kulchenko, 2002), S.1f.
[3] Vgl. (Sebestyen, 2010), S.17f.

Datenbestände jeder Art mit einfachen, verständlichen Auszeichnungen zu versehen. Das Ziel ist es dabei, die Bedeutung des Inhaltes für Maschinen verständlich zu machen, wobei XML für den Menschen lesbar ist. [4]

```
<?xml version="1.0" encoding="UTF-8" standalone="yes"?>
<verzeichnis>
    <titel>Wikipedia Städteverzeichnis</titel>
    <eintrag>
        <stichwort>Genf</stichwort>
        <eintragstext>Genf ist der Sitz von ...</eintragstext>
    </eintrag>
    <eintrag>
        <stichwort>Köln</stichwort>
        <eintragstext>Köln ist eine Stadt, die ...</eintragstext>
    </eintrag>
</verzeichnis>
```

Abbildung 1 - Aufbau XML-Dokument [5]

Wie in Grafik 1 zu erkennen, besteht ein XML-Dokument aus mehreren Elementen, die in Tags (zum Beispiel *<titel>*) benannt werden.

Ganz oben steht der Prolog. Dieser beinhaltet formale Informationen über die Interpretations- und Darstellungsweise des Dokuments. Danach folgt das Wurzelelement *<verzeichnis>* sowie mehrere weitere Elemente zur inhaltlichen Strukturierung. Innerhalb dieser Elemente können weitere Elemente oder der eigentliche Inhalt als normale Zeichendaten stehen. Zudem können XML-Dokumente auch Attribute, Kommentare und Verarbeitungsanweisungen enthalten.[6]

XML wurde vom World Wide Web Konsortium am 10. Februar 1998 veröffentlicht und befindet sich aktuell in der 5. Version.[7]

---

[4] Vgl. (Behme & Stefan, 2000), S. 22f.
[5] Vgl. Wikipedia: Extensible Markup Language
[6] Vgl. Wikipedia: Extensible Markup Language
[7] Vgl. www.w3.org/soap

3.2 Simple Object Access Protocol

Das Simple Object Access Protocol ist ein auf XML basierendes Protokoll für die Kommunikation zwischen Client und Server eines Web Services. SOAP regelt hierbei, wie die Daten abgebildet und interpretiert werden sollen, ohne Vorschriften für die Semantik zu machen. Hierfür stellt SOAP ein Vokabular oder auch Rahmenwerk (englisch *Framework*) bereit, das es erlaubt, beliebige anwendungsspezifische Informationen plattformunabhängig zu übertragen. Für den eigentlichen Austausch der Nachrichten werden Transportprotokolle wie HTML oder SMTP verwendet. Des Weiteren ist SOAP ein industrieller Standard des World Wide Web Konsortiums.[8]

Eine SOAP Nachricht besteht, stark vereinfacht, aus den drei Elementen: SOAP-Envelope, SOAP-Head und SOAP-Body (Vergleiche Grafik 2).[9]

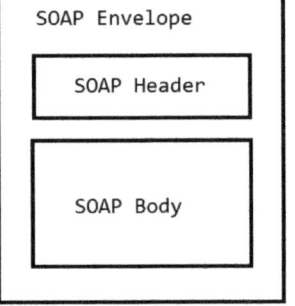

Der SOAP-Umschlag (englisch *Envelope*) enthält den Kopf (Header) sowie den Rumpf (Body) und

Abbildung 2 - Aufbau einer SOAP Nachricht (Eigene Darstellung)

fungiert als Rahmen für eine SOAP-Nachricht. Der Kopfteil enthält hierbei beispielsweise Authentifizierungsinformationen, während der Rumpf die eigentliche Nachricht mit Operationsanweisungen enthält.

Diese können in den Ausprägungen Request, Response oder Fault verwendet werden. In der Praxis enthält der Rumpf also Informationen dazu, welche Operation für einen Web Service aufgerufen werden soll, enthält das Ergebnis eines Aufrufs oder eine Fehlermeldung bei einem Misserfolg. Das Grundgerüst

---

[8] Vgl. (Zimmermann, Tomlinson, & Peuser, 2003), S.75ff.
[9] Vgl. (Zimmermann, Tomlinson, & Peuser, 2003), S.77

einer SOAP-Nachricht, mit der auf XML basierende Tag-Struktur, ist in Abbildung
3 dargestellt. [10]

```
1   <?xml version ="1.0" encoding "UTF-8"?>
2   <soapenv:Envelope
3       xmlns:soapenv=
4           "http://schemas.xmlsoap.org/soap/envelope/">
5       <soapenv:Header>
6           Informationen des Headers
7       </soapenv:Header>
8       <soapenv:Body>
9           Inhalt der SOAP-Nachricht
10      </soapenv:Body>
11  </soapenv:Envelope>
```

Abbildung 3 - Grundgerüst einer SOAP-Nachricht (Eigene Darstellung)

3.3 Web Service Description Language

Die Web Service Description Language (kurz: WSDL) ist eine von XML
abgeleitete Auszeichnungssprache. Sie dient dazu, dem Client mitzuteilen, wie
er einen SOAP Web Service innerhalb eines Netzwerkes aufrufen soll. Hierfür
kapselt WSDL alle notwendigen Informationen (Metadaten), die zum Aufruf eines
entfernten Web Services notwendig sind. Darüber hinaus enthält eine WSDL-
Beschreibung den Ort des Programmes im Netzwerk. Eine WSDL-Beschreibung
besitzt also die Funktion eines Vokabulars für Tags und Strukturen eines Web
Services, beziehungsweise gibt an, welche Methoden ein Dienst bereitstellt und
welche Parameter dafür erwartet werden.[11]

Fordert ein Client eine WSDL für einen Web Service an, so erhält dieser ein
WSDL-Dokument und kann auf Basis dieses Dokumentes dynamisch Klassen
erzeugen, mit denen er den Web Service aufrufen kann. Web Services können
auch ohne WSDL funktionsfähig aufgerufen werden. Eine WSDL-Beschreibung
erleichtert dem aufrufenden Client allerdings das Aufrufen eines Service enorm.[12]

Die Zusammenhänge zwischen WSDL, SOAP und einem Web Service sind zur
besseren Verständlichkeit in Grafik 4 dargestellt. Die links oben dargestellte
Universal Description, Discovery and Integration (kurz: UDDI) dient dabei als

---

[10] Vgl. (Snell, Doug, & Kulchenko, 2002), S. 13f.
[11] Vgl. (Zimmermann, Tomlinson, & Peuser, 2003), S. 104f.
[12] Vgl. (Weßendorf, 2006), S.16-17

Verzeichnisdienst für WSDLs. UDDI besitzt eine SOAP Schnittstelle und ermöglicht es Clients, einen passenden Web Service zu finden. Da die Funktionsweise von UDDI irrelevant für diesen Bericht ist, wird es keine weiteren Erläuterungen hierzu geben.

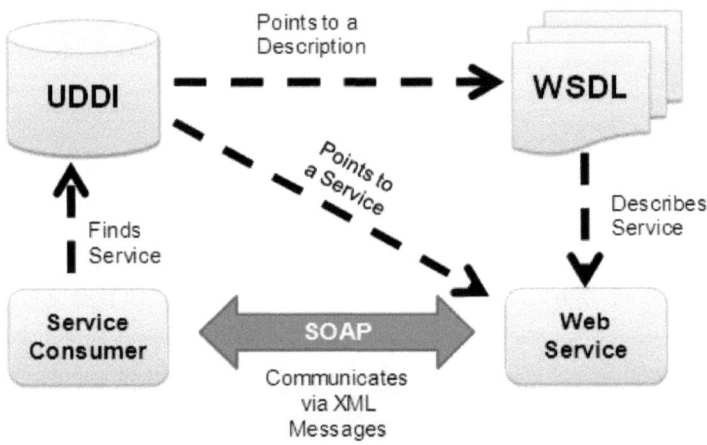

Abbildung 4 - Zusammenhänge Web Services[13]

Betrachtet man den Aufbau einer WSDL Datei genauer, lassen sich 5 unterschiedliche Elemente identifizieren, die in das Wurzelelement *<definitions>* eingebettet werden. Wie in Grafik 5 zu sehen, sind diese Elemente *<types>*, *<message>*, *<portType>*, *<binding>* und *<service>*. Zudem werden diese Elemente logisch in einen abstrakten und einen konkreten Teil unterteilt. Der abstrakte Part des WSDL-Dokuments beschreibt hierbei die

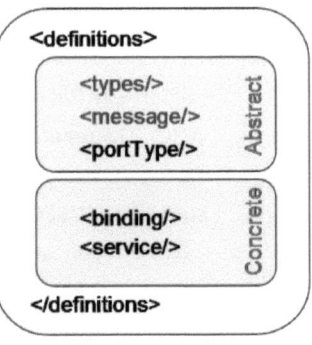

Abbildung 5 - Aufbau WSDL-Dokument (Eigene Darstellung)

---

[13] Wikipedia: Universal Description, Discovery and Integration

Operationen eines Web Service und deren benötigten Parameter
beziehungsweise Datentypen, unabhängig von einem Transportprotokoll oder
einer konkreten Implementierung. Der konkrete Teil hingegen bestimmt, welches
Protokoll für die Nutzung des Web Services verwendet werden soll sowie die
Adresse, unter der dieser Dienst erreichbar ist. [14]

Das Grundgerüst eines WSDL-Dokuments mit den beschriebenen Elementen ist
in Grafik 6 dargestellt.

```
1    <?xml version ="1.0" encoding "UTF-8"?>
2    <wsdl:definitions
3        xmlns:wsdl="http://schemas.xmlsoap.org/wsdl/">
4        <wsdl:types>
5            Datentypangaben
6        </wsdl:types>
7        <wsdl:message>
8            Nachrichten des Web Service
9        </wsdl:message>
10       <wsdl:portType>
11           Operationen des Web Service
12       </wsdl:portType>
13       <wsdl:binding>
14           Protokollangaben
15       </wsdl:binding>
16       <wsdl:service>
17           Lokation des Web Service
18       </wsdl:service>
19   </wsdl:definitions>
```

Abbildung 6 - Grundgerüst WSDL-Dokument (Eigene Darstellung)

Das Element *<types>* definiert also die Datentypen, die zum Austausch der
<messages> genutzt werden. Da zu jeder Web Service Operation Nachrichten
gehören, die zwischen Client und Server ausgetauscht werden, werden im
Element *<messages>* eben diese Nachrichten beschrieben. Dazu gehören
ebenfalls die erwarteten Rückgabewerte, beziehungsweise die anzugebenen
Parameter, je nachdem ob die Nachricht eine Anfrage oder eine Antwort darstellt.
Das XML-Element *<portType>* beschreibt die Operationen eines Web Services,
also eine Funktion in der prozeduralen Programmierung. Die Operation kann
mehrere <message> Elemente bündeln. So gehören zu einer typischen SOAP

---

[14] Vgl. (Weßendorf, 2006), S.17ff.

Operation eine Input- und eine Output-Nachricht, also eine Anfrage an den Server des Web Services sowie dessen Antwort.

Des Weiteren gibt das *<binding>* Element an, an welches konkrete Protokoll der Web Service gebunden ist. Mögliche Protokolle für den Transport einer *<portType>* Operation wären beispielsweise HTTP oder SMTP. Im Element *<service>* wird angegeben, wo ein Dienst im Netzwerk zu finden ist und über welche genauen Ports auf diesen zugegriffen werden kann. [15]

4 Cisco Administrative XML

Die Cisco Administrative XML (AXML/AXL) ist eine auf XML und SOAP basierende Programmierschnittstelle die es ermöglicht, Daten in der Cisco Unified Communication Manager Konfigurationsdatenbank zu ändern, auszulesen, hinzuzufügen, zu aktualisieren oder zu löschen. Diese Konfigurationsdatenbank enthält beispielsweise sämtliche Daten über angeschlossene Geräte (Phones), Betriebszustände oder Einstellungen des Callmanager. Die Administrative XML Schnittstelle ist Teil des Betriebssystems eines CUCM und kann von Entwicklern mit Hilfe der angebotenen Web Service Description Language genutzt werden, um Objekte aus der Unified Communications Welt (wie zum Beispiel Gateways, Nutzer oder Geräte) automatisiert oder vereinfacht zu administrieren.

Den eigentlichen Zugangspunkt für etwaige Einstellungen stellt ansonsten das Web Interface dar. Über diesen Weg können zum Beispiel Phones oder Gateways jedoch nur manuell und einzeln angelegt und konfiguriert werden. Eine Möglichkeit, gesammelt Konfigurationsschritte auszuführen, besteht hier nicht. Die Cisco Administrative XML bietet dem Nutzer nun eben diese Möglichkeit, automatisiert Systeme wie beispielsweise Phones, über ein Skript oder Programm anzulegen.

Die AXL Schnittstellte bietet also einen Web Service an, auf den plattformunabhängig zugegriffen werden kann. So ist es, solange SOAP

---

[15] Vgl. (Weßendorf, 2006), S.17 -19

unterstützt wird, egal ob für die Nutzung der Schnittstelle in Java, C oder PHP programmiert wird.[16]

4.1 Möglichkeiten der AXL Schnittstelle

Wie bereits beschrieben, bietet die AXL Schnittstelle dem User die Möglichkeit, über Programme oder Skripte Einträge in der CUCM Datenbank zu administrieren.

Hierfür werden die Methoden list, add, update, get und remove bereitgestellt. Der Nutzer hat also die Möglichkeit, Objekte aufzulisten, hinzuzufügen, zu bearbeiten, auszulesen sowie auch zu löschen. Mögliche Operationen wären beispielsweise *lockPhone* um ein mobiles Gerät aus der Ferne zu sperren, *remove data* um einen Datensatz zu löschen oder *wipePhone*, um ein mobiles Gerät aus der Ferne zurückzusetzen. Hinsichtlich der Performanz ist es unter Verwendung dieser Methoden möglich, bis zu 1500 Datensätze pro Minute zu schreiben. [17]

4.2 Erstellung eines Reports

Zur Erstellung eines Reports der Callmanager Konfigurationsdatenbank bietet die AXL Schnittstelle nicht direkt vorgefertigte Operationen. In diesem Fall müssen Informationen einzelner Geräte über die beschriebenen Operationen ausgelesen und zusammengefasst werden.

Im Rahmen dieses Berichts wird, anlässlich der hohen Komplexität bei der Umsetzung eines Reports, der Fokus auf andere administrative Aufgaben gelegt. Auf Grund der praktischen Relevanz wird daher im nachfolgenden Kapitel lediglich beispielhaft die Nutzung der AXL Schnittstelle zum Auslesen bzw. Anlegen eines Phones beschrieben.

5 Verarbeitung von Inventory Daten

In der Muster IT wird ein Cluster aus Cisco Unified Communications Managern zur Realisierung einer Unified Communications Infrastruktur verwendet. Über

---

[16] Vgl. developer.cisco.com/axl
[17] Vgl. Cisco AXL Developer Guide

diese Infrastruktur geschieht die gesamte Rufvermittlung für die Voice-over-IP (VoIP) Telefonie sowie für die Video-Telefonie. Innerhalb dieser Infrastruktur soll nun AXL testweise zur Administration verwendet werden. In diesem Abschnitt wird das Auslesen von Gerätedaten einer Cisco MX 800 Videokonferenzanlage über die *getPhone* Operation innerhalb eines Java Programms realisiert. Die ausgelesenen Daten sollen zu einem späteren Zeitpunkt weiterverwendet werden.

Hierfür muss im ersten Schritt das AXL Toolkit Plugin vom Callmanager heruntergeladen werden. Dieses enthält alle notwendigen Dateien für die Verwendung der Schnittstelle, sowie die WSDL zur Beschreibung der möglichen Operationen. Nun kann eine Java-Anwendung geschrieben werden, in der die Datei *AXLAPI.wsdl* sowie die Datei *AXLSoap.xsd* importiert werden. Die Datei *AXLSoap.xsd* enthält hierbei alle XML Schema Definitionen. Diese legen fest, welche XML Elemente und Attribute verwendet werden dürfen. Die Datei *AXLAPI.wsdl* hingegen enthält die notwenigen Schnittstelleninformationen für die Nutzung des Web Services, sowie dessen Operationen. Ein Auszug aus beiden Dateien befindet sich im Anhang A1 bzw. Anhang A2.

Über den Befehl *wsimport* kann nun der Code aus diesen Dateien in nutzbare Java-Klassen übersetzt werden. An dieser Stelle kann innerhalb der Java Anwendung auf die neu generierten Klassen zugegriffen werden.

Der in Grafik 7 dargestellte Code bewirkt nun, dass beim Ausführen des *getPhone()* Befehls eine Verbindung zum Callmanager hergestellt wird. Genutzt wird der Port 8443 unter Verwendung einer HTTPS Verbindung.

```
private void getPhone() {

    // Instantiate the wsimport generated AXL API Service client --
    // see the wsimport comments in the class javadocs above
    AXLAPIService axlService = new AXLAPIService();
    AXLPort axlPort = axlService.getAXLPort();

    // Set the URL, user, and password on the JAX-WS client
    String validatorUrl = "https://"
        + Demo.ucHost
        + ":8443/axl/";

    ((BindingProvider) axlPort).getRequestContext().put(
        BindingProvider.ENDPOINT_ADDRESS_PROPERTY, validatorUrl);
    ((BindingProvider) axlPort).getRequestContext().put(
        BindingProvider.USERNAME_PROPERTY, Demo.ucAdmin);
    ((BindingProvider) axlPort).getRequestContext().put(
        BindingProvider.PASSWORD_PROPERTY, Demo.ucPswd);
```

Abbildung 7 - Auszug Java AXL (Eigene Darstellung)

Hierfür werden die Adresse, der Nutzername sowie das Passwort benötigt.
Anschließend liest das Programm den Gerätenamen ein und leitet den
getPhone() Befehl an den Web Service, wie in Grafik 8 zu sehen, weiter.

```
    // Create a GetPhoneReq object to represent the getPhone request and set the name
    of the device
    //to name entered by user
    GetPhoneReq axlParams = new GetPhoneReq();
    axlParams.setName(phoneName);

    //Make a call to the AXL Service and pass the getPhone request
    GetPhoneRes getPhoneResponse = axlPort.getPhone(axlParams);

    //display information returned in the response to the user
    Demo.informUser("Product=" + getPhoneResponse.getReturn().getPhone().getProduct()
    + "%n"
            + getPhoneResponse.getReturn().getPhone().getLoadInformation().getValue()
    + "%n");
    }
```

Abbildung 8 - Auszug Java AXL (Eigene Darstellung)

Die Rückgabe wird in der Konsole ausgeben. Für den Nutzer stellt sich die
Eingabe wie in Grafik 9 zu sehen dar.

Abbildung 9 - Eingabe Zugangsdaten (Eigene Darstellung)

Hier wird der Nutzer aufgefordert, über seine Eingaben die Variablen *ucHost*, *ucAdmin* und *ucPswd* zu füllen. Nach dieser Eingabe wurde die Verbindung erfolgreich hergestellt und der Gerätename kann angebenden werden.

Nachdem der Nutzer den Gerätenamen gesendet hat, führt das Programm den *getPhone()* Befehl aus und liefert die in Grafik 10 erkenntliche Rückgabe.

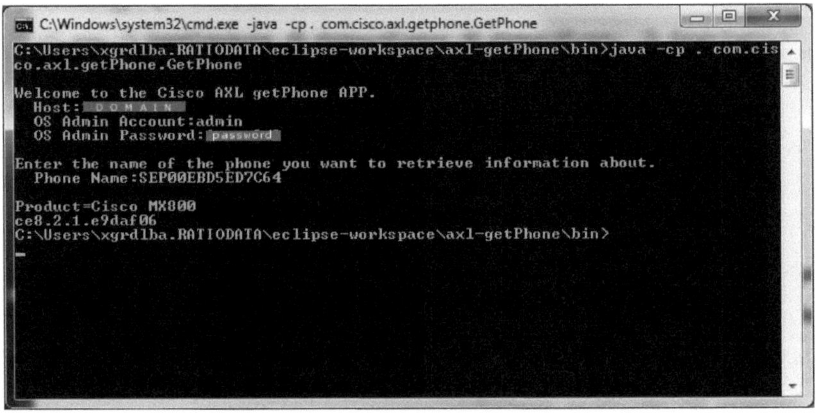

Abbildung 10 - Eingabe Gerätename mit Ausgabe

Wie auch im Programmtext (Grafik 8) herauszulesen, enthalten die Rückgabewerte den Produktnamen des Gerätes und die aktuelle Software, die auf dem Gerät läuft. Das erfolgreiche Auslesen eines Datensatzes aus der CUCM Datenbank via AXL Schnittstelle kann somit validiert werden.

6 Bewertung

Die AXL Schnittstelle bietet mit fast 200 Funktionen die Möglichkeit, fast alle Konfigurationsmöglichkeiten eines Cisco Unified Communications Manger auszuschöpfen. Da Anfragen und Ergebnisse in XML/SOAP implementiert sind, ist auch die Plattformunabhängigkeit ein großer Vorteil bei der Nutzung dieser Schnittstelle. Zudem sind die Funktionen der AXL vollständig und verständlich dokumentiert, auch wenn es noch einige bekannte Fehler in der Implementierung gibt.

Da in der Muster IT oftmals Konfigurationsarbeiten für eine große Menge an Geräten gleichermaßen durchgeführt werden müssen, bietet sich hier der Einsatz der AXL Schnittstelle besonders an. Zusätzlich können der notwendige zeitliche Aufwand sowie die Reaktionszeit für die Erledigung täglich wiederkehrender Aufgaben enorm reduziert werden, wenn vorgefertigte Skripte für solche Standardaufgaben existieren. Abgesehen vom großen Vorteil der Zeitersparnis ist es ebenfalls von Bedeutung, dass die Qualität bei der Erledigung von Aufgaben gleichbleibend ist. Unabhängig von der Expertise eines Mitarbeiters können Managementaufgaben erledigt werden, sodass auch beispielsweise eine Urlaubsvertretung unproblematisch möglich ist.

Des Weiteren bietet der Einsatz von Skripten neben der umfangreichen Funktionalität der AXL Schnittstelle noch weitere Vorteile. Skripte können zeitgesteuert ausgeführt werden, wodurch zum Beispiel nächtliche Aktualisierungen ohne Mitarbeitereinsatz durchgeführt werden können. Zudem können regelmäßig und automatisiert Prüfskripte ausgeführt werden, die beispielsweise die Richtigkeit des Rufnummerplans validieren. Da das Fachwissen über die AXL Schnittstelle für eine Erstellung solcher Skripte allerdings sehr weitgreifend seien muss, müssen einzelne Mitarbeiter dennoch eingearbeitet oder geschult werden. Darüber hinaus stellt die passende Implementierung solcher Skripte einen hohen Initialaufwand dar, sodass individuell abgeschätzt werden sollte, ob sich der anfängliche Aufwand lohnt.

7 Fazit und Ausblick

Als Fazit lässt sich festhalten, dass die Zahl der Programme, die ihre Daten automatisch in XML ausgeben oder importieren können, in allen Softwarebereichen ständig zunimmt.[18] XML wird daher auch weiterhin eine große Rolle beim plattformunabhängigen Informationsaustausch zwischen verschiedenen Applikationen in Rechnernetzwerken spielen. Auch die Administrative XML Schnittstelle wird von Cisco seit der ersten Version stetig weiterentwickelt und befindet sich nun bereits in der Version 11.5. Wie aus der

---

[18] Vgl. (Vonhoegen, 2011), S.30f.

Bewertung in Kapitel 6 zudem hervorgeht, ist es definitiv sinnvoll für die Muster IT, auf eine teilweise Automatisierung bei der Administration großer Mengen an Endgeräten zu setzen.

Die Muster IT wird sich daher weiterhin mit der AXL Schnittstelle auseinandersetzen, um möglichst effizient die ca. 250 angeschlossenen Video-Endgeräte zu administrieren. Da die Muster IT auch große CUC Infrastrukturen für Kunden betreut und aufbaut, ergibt sich auch hier ein großes Potential Zeit und Kosten zu sparen.

Als Ausblick lässt sich zudem festhalten, dass die Muster IT in naher Zukunft vermehrt administrative Aufgaben über die AXL Schnittstelle erledigen wird. Zudem sollen wiederverwendbare Skripte für Standardaufgaben geschrieben, gesammelt und aktiv genutzt werden.

IV. Literaturverzeichnis

Behme, H., & Stefan, M. (2000). *XML in der Praxis.* München: Addison-Wesley
    Verlag.

Cisco. (kein Datum). *developer.cisco.com/.* Abgerufen am 18. Juli 2017 von
    https://developer.cisco.com/site/axl/documents/axl-developer-guide-v11-
    5/

Cisco Systems, Inc. (o. J.). *Cisco UCS C240 M4 Rack Server.* Abgerufen am Juli
    2017   von   www.cisco.com:
    http://www.cisco.com/c/en/us/products/servers-unified-computing/ucs-
    c240-m4-rack-server/index.html

developer.cisco.com. (kein Datum). Abgerufen am 22. Juli 2017 von
    developer.cisco.com/site/axl:
    https://developer.cisco.com/site/axl/discover/what-is-administrative-xml/

Extensible Markup Language. (kein Datum). Abgerufen am 28. Juli 2017 von
    Wikipedia: https://de.wikipedia.org/wiki/Extensible_Markup_Language

Sebestyen, T. J. (2010). *XML Einstieg für Anspruchsvolle.* München: Pearson
    Education Deutschland GmbH.

Snell, J., Doug, T., & Kulchenko, P. (2002). *Programming Web Services with
    SOAP.* Sebastopol, CA 95472: O`Reilly & Associates Inc.

Vonhoegen, H. (2011). *Einstieg in XML.* Bonn: Galileo Press.

Weßendorf, M. (2006). *Web Services & mobile Clients.* Bochum: W3L GmbH.

Wikipedia. (kein Datum). Abgerufen am 20. Juli 2017 von Universal Description
    Discovery   and   Integration:
    https://de.wikipedia.org/wiki/Universal_Description,_Discovery_and_Integ
    ration

Wikipedia . (kein Datum). Abgerufen am 21. Juli 2017 von Callmanager:
    https://de.wikipedia.org/wiki/Callmanager

www.w3.org. (kein Datum). Abgerufen am 23. Juli 2017 von Soap: https://www.w3.org/TR/soap/

Zimmermann, O., Tomlinson, M., & Peuser, S. (2003). *Perspectives on Web Services.* Berlin: Springer Verlag.

V. Anhangsverzeichnis

A1. Ausschnitt AXLAPI.wsdl

```xml
1  <?xml version="1.0" encoding="UTF-8"?>
2  <definitions
3      xmlns="http://schemas.xmlsoap.org/wsdl/"
4      xmlns:http="http://schemas.xmlsoap.org/wsdl/http/"
5      xmlns:mime="http://schemas.xmlsoap.org/wsdl/mime/"
6      xmlns:s="http://www.w3.org/2001/XMLSchema"
7      xmlns:s0="http://www.cisco.com/AXLAPIService/"
8      xmlns:soap="http://schemas.xmlsoap.org/wsdl/soap/"
9      xmlns:soapenc="http://schemas.xmlsoap.org/soap/encoding/"
10     xmlns:tm="http://microsoft.com/wsdl/mime/textMatching/"
11     xmlns:xsd1="http://www.cisco.com/AXL/API/10.0"
12     targetNamespace="http://www.cisco.com/AXLAPIService/">
13
14     <import location="AXLSoap.xsd" namespace="http://www.cisco.com/AXL/API/10.0"/>
15
16     <message name="AXLError">
17         <part element="xsd1:axlError" name="parameters"/>
18     </message>
19
20     <message name="addSipProfileIn">
21         <part element="xsd1:addSipProfile" name="axlParams"/>
22     </message>
23     <message name="addSipProfileOut">
24         <part element="xsd1:addSipProfileResponse" name="axlParams"/>
25     </message>
26     <message name="updateSipProfileIn">
27         <part element="xsd1:updateSipProfile" name="axlParams"/>
28     </message>
29     <message name="updateSipProfileOut">
30         <part element="xsd1:updateSipProfileResponse" name="axlParams"/>
31     </message>
32     <message name="getSipProfileIn">
33         <part element="xsd1:getSipProfile" name="axlParams"/>
34     </message>
35     <message name="getSipProfileOut">
36         <part element="xsd1:getSipProfileResponse" name="axlParams"/>
37     </message>
38     <message name="removeSipProfileIn">
39         <part element="xsd1:removeSipProfile" name="axlParams"/>
40     </message>
41     <message name="removeSipProfileOut">
42         <part element="xsd1:removeSipProfileResponse" name="axlParams"/>
43     </message>
44     <message name="listSipProfileIn">
45         <part element="xsd1:listSipProfile" name="axlParams"/>
46     </message>
47     <message name="listSipProfileOut">
48         <part element="xsd1:listSipProfileResponse" name="axlParams"/>
49     </message>
50     <message name="restartSipProfileIn">
51         <part element="xsd1:restartSipProfile" name="axlParams"/>
52     </message>
53     <message name="restartSipProfileOut">
54         <part element="xsd1:restartSipProfileResponse" name="axlParams"/>
55     </message>
56     <message name="applySipProfileIn">
57         <part element="xsd1:applySipProfile" name="axlParams"/>
58     </message>
```

A2.   Ausschnitt AXLSoap.xsd

BEI GRIN MACHT SICH IHR WISSEN BEZAHLT

- Wir veröffentlichen Ihre Hausarbeit,
  Bachelor- und Masterarbeit

- Ihr eigenes eBook und Buch -
  weltweit in allen wichtigen Shops

- Verdienen Sie an jedem Verkauf

Jetzt bei www.GRIN.com hochladen
und kostenlos publizieren